南通话儿歌

NANTONGHUA ERGE

【童年记忆 难忘乡愁】

敖小平 著

苏州大学出版社
Soochow University Press

图书在版编目（CIP）数据

南通话儿歌 / 敖小平著. — 苏州：苏州大学出版社，2020.7
（江海文化丛书 / 姜光斗主编）
ISBN 978-7-5672-3141-2

Ⅰ.①南… Ⅱ.①敖… Ⅲ.①江淮方言—南通②儿歌—作品集—南通 Ⅳ.①H172.4②I287.2

中国版本图书馆CIP数据核字（2020）第068933号

书　　名	南通话儿歌
著　　者	敖小平
责任编辑	王　娅
出版发行	苏州大学出版社
	（苏州市十梓街1号　215006）
印　　刷	南通超力彩色印刷有限公司
开　　本	890mm×1 240mm　1/32
印　　张	3.5
字　　数	84千
版　　次	2020年7月第1版
	2020年7月第1次印刷
书　　号	ISBN 978-7-5672-3141-2
定　　价	18.00元

苏州大学版图书若有印装错误，本社负责调换
苏州大学出版社营销部　电话：0512-65225020
苏州大学出版社网址　http://www.sudapress.com

"江海文化丛书"编辑委员会

主　任：周剑浩
委　员：李明勋　姜光斗　李　炎　季金虎
　　　　施景铃　沈启鹏　周建忠　尤世玮
　　　　徐国祥　胡泓石　沈玉成　黄建辉
　　　　陈国强　赵明远　王加福　房　健

总　　编：尤世玮
副总编：沈玉成　胡泓石

"江海文化丛书"总序

李 炎

由南通市江海文化研究会编纂的"江海文化丛书"（以下简称"丛书"），从2007年启动，2010年开始分批出版，兀兀穷年，终有所获。思前想后，感慨良多。

我想，作为公开出版物，这套"丛书"面向的不仅是南通的读者，必然还会有国内其他地区甚至国外的读者。因此，简要地介绍南通市及江海文化的情况，显得十分必要，这样便于了解南通的市情及其江海文化形成的自然环境、社会条件和历史过程；同时，出版这套"丛书"的指导思想、选题原则和编写体例，一定也是广大读者所关心的，因此，介绍有关背景情况，将有助于阅读和使用这套"丛书"。

南通市位于江苏省中东部，濒江（长江）临海（黄海），三面环水，形同半岛；背靠苏北腹地，隔江与上海、苏州相望。南通以其独特的区位优势及人文特点，被列为我国最早对外开放的14个沿海港口城市之一。

南通市所处的这块冲积平原，是由于泥沙的沉积和潮汐的推动而由西北向东南逐步形成的，俗称江海平原，是一片古老而又年轻的土地。境内的海安县沙岗乡青墩新石器文化遗址告诉我们，距今5 600年左右，就有先民在此生息繁衍；而境内启东市的成陆历史仅300多年，设县治不过80余年。在漫长的历史过程中，这里有沧海桑田的变化，有八方移民的杂处；有四季分明、雨水充沛的"天时"，有产盐、植棉的"地利"，更有一代代先民和谐共存、自强不息的"人和"。19世纪末20世纪初，这里成为我国实现早期现代化的重要城市。晚清状元张謇办实业、办教育、办慈善，以先进的理念规划、建设、经营城市，南通走出了一条与我国近代商埠城市和曾被列强所占据的城市迥然不同的发展道路，被誉为"中国近代第一城"。

南通于五代后周显德五年（958）筑城设州治，名通州。北宋时一度（1023—1033）改称崇州，又称崇川。辛亥革命后废州立县，称南通县。1949年2月，改县为市，市、县分治。1983年，南通地区与南通市合并，实行市管县新体制至今。目前，南通市下辖海安、如东二县，如皋、海门、启东三市，崇川、港闸、通州三区和国家级经济技术开发区；占地8 001平方千米，常住人口约770万，流动人口约100万。据国家权威部门统计，南通目前的总体实力在全国大中城市（不含台、港、澳地区）中排第26位，在全国地级市中排第8位。多年来，由于各级党委、政府的领导及全市人民的努力，南通获得了"全国文明城市""国家历史文化名城""全国综合治理先进城市""国家卫生城市""国家环保模范城市""国家园林城市"等称号，并有"纺织之乡""建筑之乡""教育之乡""体育之乡""长寿之乡""文博之乡"等美誉。

江海文化是南通市独具特色的地域文化，上下五千年，南北交融，东西结合，具有丰富的历史内涵和深邃的人文精神。同其他地域文化一样，江海文化的形成，不外乎两种主要因素，一是自然环境，二是社会结构。但她与其他地域文化不尽相同之处是：由于南通地区的成陆经过漫长的岁月和不同阶段，因此移民的构成呈现多元性和长期性；客观上又反映了文化来源的多样性以及相互交融的复杂性,因而使得江海文化成为一种动态的存在,是"变"与"不变"的复合体。"变"的表征是时间的流逝,"不变"的表征是空间的凝固;"变"是组成江海文化的各种文化"基因"融合后的发展,"不变"是原有文化"基因"的长期共存和特立独行。对这些特征,这些传统,需要全面认识,因势利导,也需要充分研究和择优继承,从而系统科学地架构起这一地域文化的体系。

正因为江海文化依存于独特的地理、自然环境,蕴含着自身的历史人文内涵,因而她总会通过一定的"载体"体现出来。按照联合国教科文组织的分类,"文化遗产"可分为四类:即自然遗产、文化遗产、自然与文化遗产、非物质文化遗产。而历史文化人物、历史文化事件、历史文化遗址、历史文化艺术等,又是这四类中常见的例证。譬如,我们说南通历代人文荟萃、名贤辈出,可以随口道出骆宾王、范仲淹、王安石、文天祥、郑板桥等历代名人在南通留下的不朽篇章和逸闻轶事;可以随即数出三国名臣吕岱,宋代大儒胡瑗,明代名医陈实功、文学大家冒襄、戏剧泰斗李渔、曲艺祖师柳敬亭,清代扬州八怪之一的李方膺等南通先贤的生平业绩;进入近代,大家对张謇、范伯子、白雅雨、韩紫石等一大批南通优秀儿女更是耳熟能详;至于说现当代的南通籍革命家、科学家、文学家、艺术家以及各行各业的优秀人才,也是不胜枚举。在他们身上,都承载着江海文化的优秀传统和人文精神。同样,其他类型的历史文化也都是认识南通和江海文化的亮点与切入口。

本着"文化为现实服务,而我们的现实是一个长久的现实,因此不能急功近利"的原则,南通市江海文化研究会在成立之初,就将"丛书"的编纂作为自身的一项重要任务。

我们试图通过对江海文化的深入研究,将其中一部分能反映江海文化特征,反映其优秀传统及人文精神的内容和成果,系统整理、编纂出版"江海文化丛书"。这套"丛书"将为南通市政治、经济、社会全面和谐发展提供有力的文化支撑,为将南通建成文化大市和强市夯实基础,同时也为"让南通走向世界,让世界了解南通"做出贡献。

"丛书"的编纂正按照纵向和横向两个方向逐步展开。

纵向——将不同时代南通江海文化发展史上的重要遗址(迹)、重大事件、重要团体、重要人物、重要成果经过精选,确定选题,每一种写一方面具体内容,编纂成册;

横向——从江海文化中提取物质文化或非物质文化的精华,如"地理变迁""自然风貌""特色物产""历代移民""民俗风情""方言俚语""文物名胜""民居建筑""文学艺术"等,分门别类,进行归纳,每一种写一方面的内容,形成系列。

我们力求使这套"丛书"的体例结构基本统一,行文风格大体一致,每册字数基本相当,做到图文并茂,兼有史料性、学术性和可读性。先拿出一个框架设想,通过广泛征求意见,确定选题,再通过自我推荐或选题招标,明确作者和写作要求,不刻意强调总体同时完成,而是成熟一批出版一批,经过若干年努力,基本完成"丛书"的编纂出版计划。有条件时,还可不断补充新的选题。在此基础上,最终完成《南通江海文化通史》《南通江海文化学》等系列著作。

通过编纂"丛书",我有四点较深的体会:

一是有系统深入的研究基础。我们从这套"丛书",看到了每一单项内容研究的最新成果,作者都是具有学术素养的资料收集者和研究者;以学术成果支撑"丛书"的编纂,增强了它的科学性和可信度。

二是关键在广大会员的参与。选题的确定,不能光靠研究会领导,发动会员广泛参与、双向互动至关重要。这样不仅能体现选题的多样性，而且由于作者大多出自会员，他们最清楚自己的研究成果及写作能力，充分调动其积极性，可以提高作品的质量及成书的效率。

三是离不开各个方面的支持。这包括出版经费的筹措和出版机构的运作。由于事先我们主动向上级领导汇报，向有关部门宣传，使出版"丛书"的重要性及迫切性得到认可，基本经费得到保证；与此同时，"丛书"的出版得到苏州大学出版社的支持，出版社从领导到编辑，高度重视和大力配合；印刷单位全力以赴，不厌其烦。这大大提高了出版的质量，缩短了出版周期。在此，由衷地向他们表示谢意和敬意！

四是有利于提升研究会的水平。正如有的同志所说，编纂出版"丛书"，虽然有难度，很辛苦，但我们这代人不去做，再过10年、20年，就更没有人去做，就更难做了。我们活在世上，总要做些虽然难但应该做的事，总要为后人留下些有益的精神财富。在这种精神的支撑下，我深信研究会定能不辱使命，把"丛书"的编纂以及其他各项工作做得更好。

研究会的同仁嘱我在"丛书"出版之际写几句话。有感而发，写了以上想法，作为序言。

2010年9月

（作者系南通市江海文化研究会第一届、第二届会长）

目 录

前　言 …………………………………………… 1
游戏谣
　一、拍油巴掌 ……………………………………… 1
　二、马龙牵牵 ……………………………………… 5
　三、数脚崩崩 ……………………………………… 8
　四、排排坐 ………………………………………… 9
　五、点点麻油 ……………………………………… 11
　六、吃大菜，吃小菜 ……………………………… 11
　七、数数歌 ………………………………………… 13
　八、踢毽子歌 ……………………………………… 15
　九、炒蚕豆，炒豌豆 ……………………………… 17
　十、风来了 ………………………………………… 18
　十一、金勾勾 ……………………………………… 19
　十二、木头人儿 …………………………………… 21

十三、瘌头背洋枪 ………………………… 21
　　十四、放哨火 …………………………… 23

讥诮谣

　　一、拉尿精 ……………………………… 26
　　二、渨尿鬼 ……………………………… 29
　　三、薄汤稀 ……………………………… 29
　　四、哭宝儿笑笑 ………………………… 30
　　五、二月二 ……………………………… 32
　　六、小气鬼 ……………………………… 32
　　七、促狭促狭 …………………………… 34
　　八、大头大头 …………………………… 34
　　九、龟儿尾 ……………………………… 36
　　十、茅茅针 ……………………………… 38
　　十一、姑娘姑娘 ………………………… 38
　　十二、不睬你 …………………………… 39

育儿谣

　　一、催眠曲 ……………………………… 40
　　二、催眠歌 ……………………………… 41
　　三、亮月子 ……………………………… 43
　　四、外婆桥 ……………………………… 45
　　五、虫虫斗 ……………………………… 45
　　六、月亮巴巴 …………………………… 47

七、伢儿乖 ……………………………… 47

八、秋虎老妈 …………………………… 49

九、新娘子 ……………………………… 50

十、驮驮将 ……………………………… 52

十一、牵磨碍磨 ………………………… 53

十二、一人巷 …………………………… 57

十三、一只小船 ………………………… 60

十四、火萤虫儿夜夜飞 ………………… 62

十五、爬儿凳 …………………………… 64

十六、落雨落雪 ………………………… 66

十七、为何不杀 ………………………… 67

谜语谣

一、青石板 ……………………………… 69

二、千条线 ……………………………… 71

三、一片一片又一片 …………………… 72

四、吴立侯 ……………………………… 72

五、伍子胥把守潼关 …………………… 73

六、南天门滴雪 ………………………… 73

七、甚呢出土一点红 …………………… 74

八、甚呢生来硬如铁 …………………… 75

九、甚呢上树吱吱叫 …………………… 75

十、甚呢怕一 …………………………… 77

绕口令

    一、粉红墙上 ······ 79

    二、四个钱 ······ 79

    三、急姑娘 ······ 81

    四、季司机 ······ 82

    五、今朝早上 ······ 83

    六、鹅变鸭 ······ 84

附录　南通话拼音

    一、声母表 ······ 85

    二、韵母表 ······ 86

    三、标调法 ······ 88

    四、音节表 ······ 88

    五、拼写法 ······ 90

    六、注音实例 ······ 91

前言

语言是人类的自然属性之一。千百年来,世界各地的人们利用各自的语言来协调行为、交流思想、祭祀求福、祈祷祛灾,渐渐形成了千姿百态的民间文化。

民间文化的一个重要组成部分是口头文学,也就是口口相传的文学作品,包括各种诗歌和民间故事等。中国有所谓的古代四大民间传说,就是口头文学的典型代表。

在各种口头文学形式中,儿歌跟人们的生活最为密切相关。人来到世上以后最早接触的文学形式就是儿歌。从孩子呱呱坠地到牙牙学语,长辈们会用各种儿歌哄他们入睡、教他们说话,为孩子打开通往社会和生活的门窗。稍大一点以后,孩子们通过儿歌结交小伙伴、学会做游戏,在欢乐的儿歌声中度过美好的童年。儿歌凝聚着对家长、亲友和儿时玩伴满满的爱意,也积淀着对人生最为美好的童年时代的无限眷恋和甜蜜回忆。

儿歌又叫童谣,历史书上记载的童谣最早出现在两千多年前的周代。据《史记·周本纪》记载,西周末年的一天,周宣王在都城镐京大街上听到有一群儿童喊:"弧箕服,实亡周国。"宣王大惊,却又不明就里。原来这里所说的"弧箕服"暗指一对卖弧箕服的老年夫妇的养女,也就是"烽火戏诸侯"闹剧的主角褒姒。最后周朝的确亡在褒姒手中。

类似的故事还有许多。中国历史上有十大童谣之说，也有说是十二大童谣的。有人经过研究，认为明代以前的所有童谣几乎都是政治童谣，预言或揭示某些朝代的兴亡更迭、历史人物的成败祸福，以及战乱、自然灾害的前兆或验证等。其实，事情未必尽然如此。之所以历史书中的政治童谣数量居多，无非是因为史家对之更感兴趣而已。

以现代眼光来看，儿歌是早期教育的重要组成部分。

首先，儿歌的韵律可以让幼儿感受到语言的音韵和节律，对语言的韵律之美产生初始的印象。

其次，儿歌的简单语句重复可以让幼儿反复接触少量词语，为学会用母语表达思想打下良好的基础。

再次，儿歌的内涵可以帮助幼儿认识外部世界，并了解其中各种奇妙的事物及其相互关系。

最后，儿歌还可以帮助幼儿了解身边的社会，并了解各社会成员与自己的关系及其相互之间的关系。

此外，通过用儿歌做游戏，幼儿还可以结交朋友，学会与别人交往的技巧。

所有这一切都是在不知不觉当中，以一种润物细无声的方式悄悄实现的。儿歌既是寓教于乐的典范，也是教育的重要手段之一。

全世界的各种语言都有自己独特的儿歌。作为民间口头文学组成部分的儿歌有鲜明的地方特色。中国是一个幅员辽阔、人口众多的大国，有着无数地方语言和地方文化，为枝繁叶茂的中华文化提供了取之不尽、用之不竭的资源和养料。而各地方言同样都有独具特色的儿歌，南通方言也不例外。

在全国各地的众多方言中，南通方言可以说是卓尔不群，因为它与周边的方言都截然不同。这是由于南通方言的来历非常特别。

距今一千八百年前，现在叫"南通"的地方还是汪洋大海。公元四世纪初，也就是中国的东晋时代，万顷波涛中渐渐堆积出一片沙洲。渐渐的，沙洲有了个名字，叫胡逗洲，而且开始有人居住了。又经过六百多个寒暑交替，到了唐朝末年，沙洲与长江北岸连成了一体。

十世纪中叶的五代时期，原胡逗洲地界归南唐管辖。公元九五六年，北方的后周从南唐手中夺取了这片土地，命名为"通州"，并且把全境划分为静海、海门二县。此后又经过一千多年的风风雨雨，这片土地才发展成今天的模样。

千百年来，从五湖四海汇聚到南通的先民们风雨同舟，甘苦与共，齐心协力，开发劳作，将一个"舄卤而瘠"并且"无丝粟之饶"的荒芜沙洲改造成风光绮丽、物产丰盛的鱼米之乡。与此同时，先民们从四面八方带来的乡音土语经过千百年的磨砺渐渐融为一体，形成独具特色的南通方言，同时也发展出以南通方言为载体的南通地方文化。而在这一文化的百花园中有一丛特别艳丽的花朵，那就是南通的儿童歌谣。

儿童歌谣多半通过口头方式代代相传，鲜有文字记录。这在地方人口和地方文化相对稳定的过去本来不是什么问题。可是到了二十世纪八十年代，事情开始发生了变化。

随着改革开放政策的实施，国家的经济建设迅速发展。作为沿海十四个开放城市之一，南通的建设工作更是突飞猛进。经济发展带来大量就业机会，大批外地人口涌入南通。同时又有大量的南通人离开家乡去外地求学或者工作。人口流动的结果是说南通话的本地人口在南通市总人口中所占比例不断降低。另一方面，自二十世纪五十年代开始的推广普通话运动经过一代人的努力，终于形成气候。在学校里禁止使用南通话已经是不成文的规定。以上种种极大地改变了南通话的生存环境，使得使用南通话的人数急剧减少。在这种情况下，抢救南通的地方语言和文化就成为一项紧迫的任务。而记录南通地方的儿童歌谣就是这项任务的重要组成部分。

二十世纪八十年代以来，已经有南通电视一台二套的《南通老童谣》、戴银富的《石港俚语》、王如平与张学明的《太平神韵》、王宇明的《衣胞之地——我的南通州》等节目或作品记录南通话的儿歌。笔者于2017年出版的《南通方言考》一书中也收录了一些南通话儿歌。这些作品虽然各有特色，但是一个共同的缺点就是或者未曾正式出版，或者并非专门为儿歌而作。因此，笔者应南通市江海文化研究会之约，为该会主编的"江海文化丛书"编写儿歌这一分册。

儿童歌谣根据其社会功用可以细分为以下几种不同类型：用来辅佐游戏的游戏谣，用来嘲讽别人的讥诮谣，用来教养儿童的育儿谣，用来开发智力的谜语谣，用来培养语言能力的绕口令，等等。因此，本书分为游戏谣、讥诮谣、育儿谣、谜语谣、绕口令五个部分，分别介绍南通方言中的儿歌童谣六十余首。内容主要是笔者通过回忆或采风所得。部分内容参考前述文献，并且有所修改整理。

南通的儿歌童谣自然是用南通话发音。可是南通话中有很多词语好说不好写，有的即使写出来也不是人人都知道如何发音。因此，本书采用《南通方言考》中专为南通话设计的拼音方案，童谣的每一个汉字都标出南通话的注音，并且在书末附录中介绍各个拼音方案的细节。

儿歌童谣属于口头文学，在传唱过程中难免会出现多种不同版本。本书限于篇幅，不可能把所有版本都记录在案，只能选取较有代表性且传播范围较广的版本记录下来。因此，本书所载难免跟读者记忆中的版本有所出入。此外，囿于个人生活经历，本书所载也难免挂一漏万，不敢保证南通话的儿歌童谣已经悉数收集。以上两点还请读者诸君多多见谅。

敖小平
2020年3月于美国洛杉矶

游戏谣

半个世纪以前的南通,现代科技的成果还没有到来。那时候没有电视,没有手机,没有电脑,更没有互联网,可是人们的生活仍是别样的丰富多彩。孩子们固然没有智能手机和电子游戏可以打发时间,但是有各种实体游戏陪他们度过童年。很多游戏都是且歌且玩,且玩且歌,童趣无限,乐在其中。这种边玩边唱的歌谣就是游戏谣。以下是笔者所能记得或搜集到的。

一、拍油巴掌

"拍油巴掌"是一种两个人玩的游戏。游戏时两个人面对面,一边拍手并用手掌拍击对方手掌,一边口中念念有词。大江南北乃至世界各国的小朋友都会玩这种游戏,只是所配的儿歌各不相同而已。例如,北方话的《拍手歌》前两句有的是"你拍一,我拍一,一个小孩穿花衣。你拍二,我拍二,二个小孩梳小辫儿",也有的是"你拍一,我拍一,一个小孩坐飞机。你拍二,我拍二,二个小孩骑马儿"。

南通地区的"拍油巴掌"游戏比较特殊,因为开始击掌以前还有一个互摸手掌的动作。相应的,南通话的《拍手歌》就有一段引子，双方伸出手掌，一次次前后互摸掌心，边摸边唱：

一摸金，	Yìg mōg zīng,
二摸银，	Ěr mōg yíng,
三摸古铜钱，	Sâun mōg gv̄ tongqín,
四摸城门开，	Sì mōg cánmán kâ,
五摸打起来。	V̄ mōg dāu chila。

引子之后双方才开始拍手并交互拍击对方手掌至发出响声，边拍边唱：

打个正月正，	Dāu gu zānyug zān,
家家人家挂红灯。	Gôgo yánge guò hóngdān。
打个二月二，	Dāu gu ěryug ěr,
家家人家带女儿。	Gôgo yánge dà nrūr。
打个三月三，	Dāu gu sâunyug sâun,
荠菜花儿赛牡丹。	Chǔca huôr sà mēidâun。
打个四月四，	Dāu gu sìyug sì,
大麦①苗儿好挑刺。	Tǎmog miér hē tiê cì。
打个五月五，	Dāu gu v̄yug v̄,
洋糖粽子过端午。	Yénton zòngzi gù dūnv。
打个六月六，	Dāu gu lǒyug lōg,
买个猪头饶②块肉。	Mā gu zv̄téi yé kuà yōg。
打个七月七，	Dāu gu chìgyug chìg,
买个西瓜桥上吃。	Mā gu shīguo qéson chìg。
打个八月八，	Dāu gu bàugyug bàug,
八个乡下奶奶跐③宝塔。	Bàuggu xênhenana páun bētàug。
打个九月九，	Dāu gu jūyug jū,
咸菜豆瓣儿④过⑤烧酒。	Háunca těibāur gù sêjū。
打个十月十，	Dāu gu sǎiyug sāg,
你做强盗我做佛。	Nī zù qénte ngū zù fāg。

拍油巴掌　侯德剑/绘

游戏谣

拍油巴掌

注释：

① 此处"大"字音同"代"字。

② "饶"的意思是在正常交易之外有所增加。

③ "跶"意思是攀爬，声母同"爬"字，韵母、声调同"谈"字。

④ "咸菜豆瓣儿"就是切碎的腌菜烧蚕豆瓣，这是一道南通家常菜。

⑤ "过"意思是佐餐，北方话说成"就"。

这首儿歌的格式很别致。一共是十句，每句都以"打个×月×"这样一个短句开头，其中的月数和日数保持一致，例如"二月二""三月三"等。短句后紧跟一个长句，长句多数为七个字，长句末字与短句的最后一字押韵。这种格式与上文介绍的北方话《拍手歌》的韵律格式也十分相似。

这首儿歌的历史也相当悠久，笔者的祖辈和父辈年幼时都念过。它有许多不同的版本，例如家母在世时就坚持说

她幼时所唱的正文前两句是这样的:

打个正月正,　　　　　Dāu gu zānyug zān,
珍姑娘房里有张料丝灯。　Zān gvnien fónli yū zon liěsidân。
打个二月二,　　　　　Dāu gu ěryug ěr,
二姑娘房里有个小孩儿。　Ěr gvnien fónli yū gu xē háer。

再如,"打个四月四"之后,另有一种说法是:
捐根木头挑个刺。　　　Qín gan mōg tei tiê gu cì。

作为口头文学的一部分,儿歌在传唱过程中都会发生各种讹变,这是正常现象,甚至各个社会阶层也会根据自己的需要修改儿歌的内容,这也都很正常。

二、马龙牵牵

《马龙牵牵》也是一首相当古老的儿歌,至少可以追溯到清代。这是因为从歌词内容判断,这首儿歌似乎起源于一场火灾。根据《南通老童谣》的说法,歌词中的"马龙"一词指消防水龙,而"姚家烟店"一词则指位于唐闸镇的一家杂货店。根据历史记载,中国民间到清代才开始出现消防水龙这种事物。

如果说"拍油巴掌"游戏不需要任何场地,凡是能容下两个人的地方都可以玩起来,那么游戏"马龙牵牵"则必须有一个较为开阔的场地。

这一游戏的玩法类似于"老鹰捉小鸡",分攻守两方。攻方只有一个孩子,守方则有好几个,后面的孩子抱住前面孩子的腰或者拉住前面孩子的衣服,形成一条龙。游戏时,攻方试图抓住守方的龙尾,而守方的龙头则伸开双臂拦阻攻方,龙头、龙身、龙尾协同行动,努力避开对方的进攻。双方一边玩得兴高采烈,一边齐声朗诵:

马龙牵牵

马龙①马龙牵牵，　　　mōlong mōlong qînqin,
牵到姚家烟店②。　　　qîn de Yége yîndin。
姚家烟店失了火，　　　Yége yîndin sàgde hū,
大的③、小的跟了我。　　tŭdi xēdi gânde ngū。
大的跟我寻饭吃，　　　tŭdi gân ngū cíng făun chìg,
小的跟我拾草烧。　　　xēdi gân ngū sāg cē sê。

注释：
① 据说从前称消防水龙为"马龙"。
② "烟店"指杂货店，通常卖纸钱、香烛、水烟等。
③ 此处"大"字音同"舵"字。

游戏谣

老鹰捉小鸡　　侯德剑/绘

三、数脚崩崩

"数脚崩崩"游戏类似"排排坐"游戏,也需要多人一起玩。游戏时,大家并排坐下,由一位主持人一边吟诵下面的歌谣,一边点大家的膝头,每念一个字就点一个膝头,点完就回到排头继续点:

数脚崩崩,	Sv̄ jàug bôngbong,
海阔狼山。	Hā kuòg Lónsâun。
狼山甲顶,	Lónsâun jàug dīng,
猪头牛头。	Zv̄téi ngéitéi。
四摸船头,	Sì mōg qúntei,
五摸浪头。	V̄ mōg lŏntei。
一只小脚	Yìg zàg xē jàug
儿望上跷	Ér wŏn sŏn qê
起来!	Chīlá!

念到"来"字时,被点到的孩子的腿要立即叠到另一条腿上,如果没有来得及叠到一起,让人把两个膝头都点到了,那这个孩子不仅要出局,而且要伸手让主持人边念以下歌谣边打手心,前三句每念二字打一下,最后一句每念一字打一下:

本来要打千千万万叽①,	Bānla yè dāu qînqin wǎun waun zhî,
因为时间来不忌②,	Yîngvei síjên lábagchǐ,
马马虎虎打十叽:	Mōmohvhv dāu sāgzhǐ:
一,二,三,四,五,	Yìg, ěr, sâun, sì, v̄,
六,七,八,九,十。	Lōg, chìg, bàug, jū, sāg。

注释:

① "叽"就是"次"的意思。

② "来不忌"意思就是"来不及"。

这首儿歌的来历不太清楚,歌词也比较晦涩。第二、三、四行都有些莫名其妙,而第五、六两行又显得很突兀。第七、八、九三行其实是一句话,但是按照四字一顿的节律切成三行以后,"儿望上跷"就常常讹变为"二万上轿",既无意义,也不通顺。

四、排排坐

这个游戏跟前面一个游戏"数脚崩崩"相似,但是相对简单一些,游戏时多人并排坐下,由主持人边念下面的歌谣边拍大家的膝头。

排排坐,吃果果,	Pápa cǔ, chìg gūgu,
爸爸①买了个猪耳朵,	Bâba mā de gu zў ērdu,
称称看,八斤半,	Câncan kun, bàug zĩng bùn,
煮煮看,八碗半,	Zў zv kun, bàug wūn bùn,
大的②吃到不好过,	Tūdi chìg de bàg hēgù,
小的吃到不上课。	Xēdi chìg de bàg sŏnkù。

注释:
① 此处"爸爸"可能指父亲,也可能指叔叔。
② 此处"大"字也音同"舵"字。

这首儿歌有可能是从外地流传过来的,依据是第二句中的"爸爸"一词的读音。南通话中"爸爸"一词本来指叔叔,但是在儿歌所描写的场合中,由叔叔作为唯一的长辈出场似乎不太合理。因此,这里的"爸爸"似乎应该指父亲。但是南通话中"爸爸"一词的这种读法到二十世纪四五十年代才开始出现,很可能是从上海话演绎而来的。

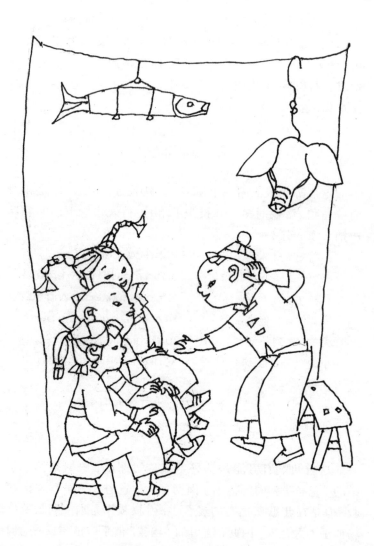

排排坐　侯德剑/绘

五、点点麻油

在日常生活或者游戏过程中，往往会遇到一种情况，需要以一种客观、不带主观偏见的姿态，从一群人或一堆事物中选取一个。美国儿童遇到这种情况时脱口而出的是：Eeny, meeny, miny moe, catch a tiger by his toe……而在南通，孩子们可能会用到下面这首用来随机点人头抽签的儿歌。

点点麻油，	Dīn dīn móyú,
油煠①下锅，	Yúcāug hǒgû,
新官上任，	Sînggūn sōnyǎn,
旧官请出。	Qǔgūn cīng quàg.

注释：
① "煠"音同"闸"字，意思是在热油中煎炸。

这首儿歌的来历无法考证。从最后两句的内容来看，其历史可能比较悠久，因为"新官上任，旧官请出"这种事情很有可能是发生在封建社会的衙门里。

六、吃大菜，吃小菜

南通的冬天，天寒地冻。旧时室内没有取暖设备，除了多穿衣服、勤晒太阳以外，孩子们抵御寒冷的主要方法就是做一些可以取暖防寒的游戏。例如，孩子们会分成两组，从两边沿着墙壁朝中间推挤，一边挤一边喊："攒油，攒酱！"这个游戏有点儿像拔河，但拔河是两拨人朝相反的方向拉，而这个"攒油，攒酱"游戏是两拨人相对着推挤，并且不需要任何器具，简单易行。

另外一个可以用来取暖的就是"吃大菜，吃小菜"游戏了。这个游戏至少需要三个人才可以玩。参加者各以单腿勾

吃大菜,吃小菜　　侯德剑/绘

住另一人的腿,连成一圈,大家一起以单腿跳跃,一边跳,一边拍手唱:

吃大菜,吃小菜,	Chìg dàucà, chìg xēcà,
萝卜丝儿炒咸菜。	Lúpogsîr cē háuncà。
大姐姐,二妹妹,	Dàu jāujau, ěr měimei,
上街看会会①。	Sōngâ kùn huěihuei。
会会不曾来,	Huěihuei bàgcan lá,
打了个麻将牌。	Dāude gu mójenpá。
二五八饼,	Ěr v̄ bàug bīng,
蹲②下来,立起来。	Cánholá, līgchilá。

注释:
① "会会"是儿语,意思是庙会。
② 南通话中"蹲"字音同"沉"字。

唱到最后一句时,大家一起蹲下来,再站起来,然后继续从头开始边唱边跳。因为是用单腿下蹲起立,同时必须保持另外一条腿勾住小伙伴的状态,所以这个游戏的难度很大,稍有不慎大家就都翻滚在地上,笑成一片。

这首儿歌的地方色彩很浓,韵脚工整,朗朗上口。历史可能也比较悠久。

七、数数歌

孩子们为了抵御冬天的寒冷天气而经常做的另一种游戏是一种踢脚游戏。与前面介绍的两种游戏一样,这种游戏也是既可以锻炼身体又可以取暖防寒。

旧时南通人冬天穿的鞋具主要有两种:一种是南通人称之为"兔儿头棉鞋"的老式手工布棉鞋,另一种是南通人称之为"毛窝儿"的用蒲草夹芦花或鸡毛等编织的草靴。这两种鞋具的共同特点是内侧都比较平滑,于是就有了这种踢

兔儿头棉鞋

毛窝儿

脚游戏。玩游戏时,两人轮番跃起,用左右两脚棉鞋或草靴的内侧碰触对方棉鞋或草靴的内侧,同时唱起:

数一、数二、数三四,　Sv̄ yìg-sv̄ ěr-sv̄ sâun si,
数五、数六、数七子,　Sv̄ v̄-sv̄ lōg-sv̄ chìg zi,
数八、数九、数十子。　Sv̄ bàug-sv̄ jū-sv̄ sāg zi。
十一、十二、十三四,　Sǎiyìg-sǎiěr-sāg sâun si,
十五、十六、十七子,　Sǎiv̄-sǎilōg-sāg chìg zi,
十八、十九、二十子。　Sāg bàug-sāg jū-ěrsāg zi。
二一、二二、二三四,　Ěr yìg-ěr ěr-ěr sâun si,
二五、二六、二七子,　Ěr v̄-ěr lōg-ěr chìg zi,
二八、二九、三十子。　Ěr bàug-ěr jū-sâunsāg zi。
三一、三二、三三四,　Sâun yìg-sâun ěr-sâun sâun si,
……　　　　　　　　　……

　　以这种方法数数,一般不超过一百。并且每行实际有四个节拍,每数10个数实际上是踢了12下而不是10下。不过玩者更加在意的是旋律与节奏,而不是数数的精确程度。

八、踢毽子歌

踢毽子也是冬天里受欢迎的游戏之一,一个人就可以玩。当然一年四季也都可以玩,并不限于冬天。

踢毽子是中国民间的传统运动项目之一,历史悠久。1913年,山东济宁喻北屯城南张村一处东汉墓中出土的23块石画中就有多人踢毽子表演的画面。

南通的毽子多用铜钱、布片和鸡毛制成。踢时讲究毽子不落地,而且要踢出花样来,边踢边唱:

里拐,外拐, Lī guā, vǎ guā,
小羊过海。 Xēyén gù hā。

这里的"里拐"指用脚的内侧往上踢,"外拐"指用脚的外侧往上踢,"小羊过海"这一动作指双腿跳离地面,一只脚的内侧从另一条腿的下面往上踢,这一动作又叫"打跳儿"。

踢毽子歌　　侯德剑/绘

九、炒蚕豆，炒豌豆

　　这个游戏需要两个人参加，也是一年四季都可以玩。玩时两个人面对面拉紧双手，一边左右摆动手臂，一边唱：

　　炒蚕豆，炒豌豆，　　　　Cē qúntei, cē wûntei,
　　噼哩啪喇翻跟头。　　　　Pīglipāglāg fâun gântei.

　　唱到第二句时，二人紧拉的双臂要高举过头，同时身体随之做360度翻转。

十、风来了

风来了　　侯德剑/绘

这个游戏常和一种称为"栓猫儿寻"的追逐游戏一起玩，由三人或更多人参加，其中一人为领班。玩时大家都伸出一只手，摞在一起。领班说"风来了"，众人说"不怕"；领班说"雨来了"，众人还说"不怕"；领班说"城隍庙里鬼来了"，众人则作鸟兽散，而领班开始追逐。被捉住的成员遂成为下一任领班。

（领）风来了。　　Fông lade。

（众）不怕！　　　Bàg pò!

（领）雨来了。　　Rū lade。

（众）不怕！　　　Bàg pò!

（领）城隍庙里鬼来了。　Cánhuonmiěli guēi lade。

（众逃跑）

十一、金勾勾

这个游戏又叫"打勾勾儿"，其实是小朋友之间的誓约。玩时一边把右手小指勾在一起，一边说：

金勾勾，银勾勾，　　Zînggeigei, yínggeigei,

喇个①反悔烂则头②。　Lāugu fāunhuēi lāun zàgtei。

第二句也可以说成"喇个说话不算数就烂则头"。

注释：

① "喇个"意思是"谁""哪一个"。

② "则头"意思是"指头"。

这个游戏的流传范围很广，中国各地甚至越南、韩国、日本和美国都有很多人玩。传统意义上，勾小指发誓被认为具有约束力，因为勾小指原本指打破承诺的人必须切断小指。在英语中，这一游戏被称为pinky swear。1860年出版的《美国习俗词典》中就有相关的记载，并附有英文的誓词：

Pinky, pinky bow-bell,
Whoever tells a lie,
Will sink down to the bad place,
And never rise up again.

金勾勾　　侯德剑/绘

十二、木头人儿

这个游戏的流传范围也比较广，全国各地都有人玩。通常由两个或更多人一起玩。玩时大家手拉手，齐声念下面这段童谣。念到最后各人做一个固定的表情和姿势，看谁保持得最为长久。

欶①，欶，欶，　　　　　　Sèi, sèi, sèi,
我等②大家③都是木头人儿。　Ngūnan tăge dū si mōg teiyáir。

注释：
① "欶"音同"瘦"字。
② "我等"音同"我能"，意思指"我们"。
③ "大家"音同"代稿"。

十三、癞头背洋枪

世间万物相生相克。有人说"大鱼吃小鱼，小鱼吃虾米"，又有人说"卤水点豆腐，一物降一物"，说的都是这个道理。

从前，南通的小朋友会自制一种纸牌，用来比大小、定输赢。纸牌上画有癞头、洋枪、老虎、小孩、公鸡和蜜蜂的图案。癞头就是北方话的癞子，指头顶上有癞疮疤的人，而洋枪自然指来自西洋的火枪。为了记住这几样事物之间的相生相克关系，孩子们会吟诵下面这首儿歌。

癞头背洋枪，　　Lāugtéi bêi yénqên,
洋枪打老虎，　　Yénqên dāu lēhv̆,
老虎吃小孩，　　Lēhv̆ chìg xēhá,
小孩捉公鸡，　　Xēhá jòg gôngzhî,
公鸡吃蜜蜂，　　Gôngzhî chìg mīgfóng,
蜜蜂叮癞头。　　Mīgfóng dîng lāugtéi。

瘌头背洋枪　　侯德剑/绘

十四、放哨火

远古时代，人们使用刀耕火种的方法来从事农业生产。所谓刀耕火种，就是用刀砍伐灌木野草，再用火烧尽残枝败叶，以此来清理耕种作物所需的田地。

后来，农业技术慢慢进步，犁铧等农具渐渐出现，刀耕火种的方法也随之退出历史舞台。然而，很多地方却还保留着放火烧荒的习俗。每年秋收以后，田地里总会留下一些稻秸、麦茬之类的东西，或者生长出一些杂草。放一把野火，可以烧光田间的杂草，便于来年的春耕；可以烧死草中的虫卵，减轻来年的虫害；杂草烧尽后留下的草木灰还可以留在地里当肥料，真是一举多得。

在南通周边的农村地区，每年逢农历正月十五和二月十五有两次类似烧荒的"放哨火"活动。其时，农家孩子手持火把，四处焚烧地里的荒草秸秆。他们为自己亲手点燃的熊熊烈火而兴高采烈，一边追逐嬉戏，一边放声高歌：

正月半，二月半，	Zânyugbùn, ěryugbùn,
家家人家放哨火。	Gôgo yánge fòn sèhu。
人家的菜，还不曾栽，	Yánge di cà, á bagcan zâ,
我家的菜倒上了街①。	Ngūge di cà de sŏnde gâ。
人家的菜，才赖下长②，	Yánge di cà, cá lahe zōn,
我家的菜倒上了港③。	Ngūge di cà dè sŏnde gōn。
人家的菠菜铜钱大，	Yánge di bûca tóngqín dàu,
我家的菠菜笆篮大。	Ngūge di bûca púlaun dàu。
人家的萝卜草头儿奘，	Yánge di lúpog cēteir jōn,
我家的萝卜石礴奘。	Ngūge di lúpog sǎilei jōn。
人家养的是小豁豁儿④，	Yánge yēn di si xē huàughuaur,
我家养的是小八八儿⑤。	Ngūge yēn di si xē bàugbaur。

放哨火　侯德剑/绘

注释:

① "上了街"意思是"进了城、上了市场"。

② "才"意思是"刚、刚才"。"赖下"是语助词,表示动作正在进行。"才赖下长"就是"刚刚开始生长"的意思。

③ "港"指名叫"天生港"的小镇。"上了港"意思也是"进了城、上了市场"。

④ "小豁豁儿"指小女孩。

⑤ "小八八儿"指小男孩。

这首儿歌的格调不高,从头到尾说的是自家如何如何好,别家如何如何不好。不过既然每家孩子都这样唱,最后的结果倒还是家家都好,共同富裕。

讥诮谣

孩子们涉世未深，往往意气用事、口无遮拦，常会用一些现成的歌谣来讽刺、挖苦甚至诅咒他们不喜欢的人。用现成歌谣的好处是可以摆脱个人责任，言外之意就是：瞧，不是我要说你什么，儿歌里就是这样说的。当一群孩子齐声诵读这类儿歌时，还可以起到一种人多势众、齐心合力的效果，常常让被挖苦的对象有口难辩，只能落荒而逃。这可能就是如今所谓的校园欺凌的雏形。这类现成的歌谣数量不少，内容多为讥诮嘲讽之言，因此被称为"讥诮谣"。下面几首讥诮谣嘲讽的是某种不好的习惯或者行为。

一、拉尿精

"拉尿精"指经常尿床的人。这首儿歌曲里拐弯地嘲讽这种人，从第一句话第一个词点到嘲讽对象开始，直到最后一句开骂"二十四个不要脸"，当中隔了整整七句半。这种安排显然增加了嘲讽内容的长度和戏剧性，同时也增加了嘲讽者的快感和被嘲讽者的羞耻感。

这首儿歌的嘲讽对象不限于主要因贪玩、偷懒而尿床的人。根据情况也可以把拉尿精改成别的不太友好的称呼，如"赖学精"（经常逃学的孩子）、"说谎精"（撒谎成性的孩子），等等。

拉尿①精，炒面筋。	Láushuzĭng, cē mĭnzing。
面筋炒不熟。	Mĭnzing cē bàg sōg。
买块肉，肉不烂②。	Mā kuà yōg, yōg bàg lăun。
买只雁，雁不飞。	Mā zàg ngăun, ngăun bàg fêi。
买只龟，龟不爬。	Mā zàg guêi, guêi bàg pó。
买条蛇，蛇不游。	Mā tié só, só bàg yú。
买只船，船不撑③。	Mā zàg qún, qún bàg cân。
买碗灯，灯不点。	Mā wūn dân, dân bàg dīn。
二十四个不要脸！	Ěrsāg sì gu bàiyèlīn！

注释：

① "拉"是阳平声，跟"来"字声调相同，意思是"失禁、不由自主"。"尿"字音同"嘘"字。"拉尿"就是尿失禁的意思。

② "肉不烂"意思是肉煮不烂。

③ 南通的船多在内河浅水中行驶，以竹篙抵住河床推送作为动力，叫作"撑船"。因此，"船不撑"的意思就是船无法行驶。

拉尿精　侯德剑/绘

二、溾尿鬼

"溾尿鬼"也指经常尿床的人。这首儿歌也用来嘲笑这种人。

溾尿①鬼,结绷绷②,　　　　Vêishuguēi, jìgbongbông,
开起门来臭烘烘。　　　　　Kâ chi mán la cèihonghông.
晒到昼③,瘟瘟臭④;　　　　Sà dè zèi, vânvancèi;
晒到夜,又要渫⑤。　　　　　Sà dè yău, yŭ yè qău.

注释:

① "溾尿"是"拉尿"的另一种说法,多指尿床。
② 南通话中,绷得很紧叫"结绷绷"。此处是衬词,无意义。
③ 南通话中,中午叫"昼下"或"昼"。
④ "瘟瘟臭"与"臭烘烘"意思相同。
⑤ 南通话中,排小便叫"渫",音同"谢"。

三、薄汤稀

下面这首儿歌也和尿床有关,不过与其说是用来讥讽嘲笑尿床的孩子,不如说是描述穷人家孩子喝多了稀粥以后尿频、尿急的窘况,表达的更多的是一种同情。

整天吃的稀汤薄,　　　　　Zāntîn chìg di shîtôn pōg,
一夜不曾睏得着。　　　　　Yìg yău bàgcan kuàn dàg cōg.
被焐①还奔②焐得暖,　　　Prĭv á bàn vù dàg nūn,
尿壶渫了倒要满。　　　　　Shūhv́ qău de dè yè mūn.
嬭嬭③拿了要去倒,　　　　Nâna nóde yè tì dè,
你赖床上急到跳。　　　　　Nī lă qónson jīg de tiè.
家来不曾来得忌,　　　　　Gôla bàgcan ládagchĭ,
你又渫了一单被④。　　　　Nī yŭ qăude yìg dâunpri.

注释：

① 南通话中，被窝叫"被焐"，也叫"被窠"。

② "奔"是"不曾"二字的合音，"还奔"就是"还不曾"或"还没有"的意思。

③ 祖母面称"孅孅"。注意"孅"字阴平声，"奶"字读上声，"孅孅"和"奶奶"意思完全不同。前者指祖母，后者指老婆。

④ 床单叫"单被"。

四、哭宝儿笑笑

孩子们似乎认为人的情绪变化不应该太快，如果伤心难过哭鼻子了就应该一直哭下去，而不应该破涕为笑。南通话称爱哭的孩子为"哭宝儿"。下面这首儿歌就专门用来嘲笑破涕为笑的孩子。

哭宝儿笑笑，	Kògber xèxe,
黄猫儿①跳跳，	Wónmer tiètie,
老猫儿上吊，	Lē mér sŏndiè,
小猫儿解绳，	Xē mér gā sán,
屁股跌了疼②。	Prìgv dìgde tán.

注释：

① 南通方言将黄鼠狼叫作"黄猫儿"。

② "跌了疼"意思是"跌疼了、摔痛了"。也有人在疼前用个瘟字以加强语气，即"屁股跌了瘟疼"。

哭宝儿笑笑　　侯德剑/绘

五、二月二

依南通的地方习俗,每年农历二月初二要接出嫁的女儿回娘家团聚。下面这首儿歌就强调了遵守这一习俗的重要性,因为假如违反,当事人就可能会遭遇到种种不吉利的事情。这首儿歌的地方色彩很浓。

二月二,	Ěryug ěr,
家家人家接女儿。	Gôgo yánge jìg nrūr。
挑蒿儿①,做饼儿②。	Tiê hêr, zù bīnger。
爷娘不请是穷鬼儿。	Yáunién bàg cīng sǐ qóngguēir。
女儿不来要烂腿儿。	Nrūr bàg lá yè lăuntēir。

注释:

① "蒿儿"指青蒿。

② "饼儿"指青蒿饼。初春时节,南通民间有将青蒿嫩头切碎加面糊糊煎成青蒿饼的习俗。

六、小气鬼

除了嘲讽一些令人鄙视的习惯和行为以外,儿歌还常常用来嘲讽某些不好的秉性或者具有这种秉性的人。例如,下面这首儿歌就被用来嘲讽"吝啬鬼"。当然被嘲讽的人未必真是吝啬鬼,有时嘲讽的仅仅是被人借贷或索求不成以后的泄愤对象。

小气鬼,没路走,	Xēchiguēi, māg lǚ zēi,
跑到人家大门口,	Pé dè yánge dàumánkēi,
叭哒一个死跟头。	Pāgtāg yìggu sīgântei。

讥诮谣

小气鬼　　侯德剑/绘

七、促狭促狭

"促狭"一词出自《三国志》《醒世姻缘传》《红楼梦》等古代汉语作品,指阴毒刁钻、暗中捣鬼捉弄陷害别人的品性或行为,大致相当于北方话的"缺德、刻薄"等。南通话的实际发音同"促掐"。这首儿歌用来诅咒具有这种品性的人,南通话称为"促狭鬼",通常是在发觉被人使坏后发泄心中愤怒时使用。

促掐,促掐,	Còg kaug còg kaug,
活不到十八。	Wōg bagde sāgbàug.
十八转弯,	Sāgbàug jūnwâun,
活不到二十三。	Wōg bagde ěrsāg sâun.

八、大头大头

从前的人缺乏关心爱护残障人士的意识,常常把他们当作嘲讽对象。除了"瞎子瞎,拿刀杀"和"矮子矮,一肚子拐"之类骂人的熟语以外,还有一些儿歌不当地嘲讽残障人士。例如下面这首儿歌原来是用来嘲笑脑袋比较大的人,后来有人将"他有大头"改成"我有大头",用来自嘲,甚至有自傲的意思。其中的"大头"有时也说成"鹅头",指头型不正尤其是后脑勺突出的人。

大头大头,落雨不愁。	Dàu téi dàu téi, lŏrū bàg céi.
人家有伞,我有大头。	Yánge yū sāun, ngū yū dàutéi.

大头大头　　侯德剑/绘

九、龟儿尾

所谓"童养媳"是指从前穷人家的女孩儿,小小年纪就被送到别人家当准媳妇,成年以后再跟主人家的少爷圆房。实际上,很多童养媳就是奴婢,她们离开了父母的庇佑,过着寄人篱下的生活,为了换一口饭吃,承担着繁重的体力劳动,甚至忍受主人家的欺凌。

下面这首儿歌描写的对象就是这样一个童养媳。她年幼体弱,不堪重负,出了事故还要遭到养父母的粗暴残忍对待。她理应得到人们的同情而不是嘲讽。

龟儿尾[①],	Guêirvēi,
担担水[②],	Dâun daun xuēi,
担到城门口,	Dâun dè cánmankēi,
叭哒个死跟头,	Pāgtāg gu sīgântei,
跌了个烂泥鬼[③]。	Dìgde gu lăunniguēi。
家来告诉爷,	Gôla gèsv yáu,
爷赖下做馒头,	Yáu lăhe zù múntei,
搡她两拳头[④];	Sōn tô liēn qúntei;
家来告诉娘,	Gôla gèsv nién,
娘赖下蒸年糕,	Nién lăhe zân níngê,
搡他两薄刀[⑤]。	Sōn tô liēn pōgdê。

注释:

① "龟儿尾"是主人公的绰号,可能是指她脑后龟尾状的短辫。

② 意思是挑着一担水。

③ 意思是摔成个泥猴儿。

④ 意思是打了她两拳。

⑤ 切菜刀在南通话中又叫"薄刀",意思是用切菜刀拍了她两下。

讥诮谣

龟儿尾　　侯德剑/绘

十、茅茅针

旧社会,在一些人的眼中,社会地位低下的不仅包括奴婢、童养媳,也包括城外的农民。下面这首儿歌流行于南通市区,其内容对农村妇女颇为不敬。

茅茅针①,十八根,　　　Mémezân,　sāgbàug gân,
乡下奶奶吃了不打针。　Xênhenana chìgde bàg dāu zân。

注释:
① "茅茅针"是茅草初生叶芽后处于花苞时期的花穗。

十一、姑娘姑娘

通常情况下,儿歌嘲讽的对象并不固定,可以用于任何个人或群体。例如,下面这首儿歌就是男孩子们用来诅咒他们打不过但又恨得牙痒痒的女孩子的。

姑娘,姑娘,你不要凶,　Gᵥnien, gᵥnien, nī bàiyè xông,
把你送到东海东。　　　Bo nī sòng dè dônghā dông。
瞎子婆,瘫子公,　　　 Hàugzi pú, tâunzi gông,
嫁的个男人是大麻风。Gò di gu núnyan si dàu mófông。

十二、不睬你

这首儿歌是孩子们不想搭理对方而又不肯服输时用的。

不睬①你,如宰你;　　Bàg cā nī, lv́ zā nī;
不搭②你,如杀你。　　Bàg dàug nī, lv́ sàug nī。

注释:
① "睬"就是"理睬"。
② "搭"就是"搭理"。

育儿谣

千百年来,先民们在南通这片土地上繁衍生息,一代代新人呱呱坠地。从盥洗到哺乳、从学话到走路,新人们成长的每一步都离不开长辈的悉心呵护,众多饶有趣味的育儿歌谣也应运而生。这些歌谣凝聚着世代先民的经验与智慧,是连系亲子感情乃至祖孙感情的重要纽带。它们在孩子幼小的心灵中留下了深刻的印象,许多人终其一生也难以忘怀。

育儿歌谣也有许多不同的种类,分别适用于不同年龄段的孩子。适用于婴儿的歌谣通常称为"催眠曲"或"摇篮曲"。

一、催眠曲

这支曲子流行于南通市区,歌词简单,曲调优美。笔者每次听到这支曲子就想起慈祥的祖母,怀抱着年幼的表弟,轻轻摇摆着纤弱的身子,口中哼唱着催眠的曲子……

育儿谣

```
1 = D  4/4

5̂ 3 5 5   5   3̂ 1  ‖: 2   3̂ 5 5   3̂ 2 | 2 - - - |
 O  gu xē ngó      ngo      yè kuàn    gè
 哦  个  小 伢       伢,       要  困      觉,

1̂ 2 2   2   1̂ 6̣ | 1 - - 3 5 | 2̂ 3̣ 2̣ 1̣   6̣ 5̣   1̂ 6̣ | 5 - - - |
 O  gu xē ngó        ngo           yè  kuàn         gè
 哦  个 小 伢         伢           要   困           觉,

5̂ 6̣ 1   1̂ 2 1̣ 7̣ | 6̣ - - - | 2 - - - | 5   5̂ 5 5   3̂ 3 2 :‖
 O  gu xē ngó       ngo        O         O   gu xē ngó
 哦  个  小 伢        伢,        哦        哦   个 小  伢。
```

二、催眠歌

这首歌谣出自南通电视台二套节目组编写的《南通老童谣》一书，以农作物和农活为主题，应当是流行于郊县农村地区的歌谣。

大麦①秆，小麦秆，	Tămog gūn, xēmog gūn,
我家宝宝困得安。	Ngūge bēbe kuàn dag wûn。
大麦尖，小麦尖，	Tămog jîn, xēmog jîn,
我家宝宝困得甜。	Ngūge bēbe kuàn dag tín。
大麦黄，小麦黄，	Tămog wón, xēmog wón,
爷爷娘奶②莳秧③忙。	Yáuyau niénna cīyên món。

催眠歌　　侯德剑/绘

注释：
① 此处"大"音同"代"字。下同。
② "爷爷娘奶"意思是"爸爸妈妈"。
③ "莳"音同"寺"字，意思是"移植"。"莳秧"就是插秧的意思。

三、亮月子

这支摇篮曲中的"亮月子""亮巴巴""娘奶"等词都是地道的南通话。

亮月子①，亮巴巴②，	Liěnyīgzi, liěnbôbo,
亮月子，照我家。	Liěnyīgzi, zè ngū gô.
梳油头，戴桂花，	Sʋ yútéi, dà guèihuô,
娘奶③心里乐开了花。	Niénna sîngli lōg kâde huô.

注释：
① 南通话中"月亮"叫"亮月子"，"月"音同"叶"字。
② 南通话中"亮巴巴"是儿语，也是月亮的意思。
③ "娘奶"即妈妈，是南通老话。

亮月子　　侯德剑/绘

四、外婆桥

这是一支十分有名的摇篮曲,在全国各地都很流行,不过各地的歌谣都用本地方言填词,因此很有地方特色。下面就是南通地区的"外婆桥"歌词。

摇啊摇,	Yé a yé,
摇到外婆桥,	Yé dè vǎpu qé,
外婆叫我好宝宝。	Vǎpu jè ngū hē bēbe。
糖一包,果一包,	Tón yìg bê, gū yìg bê,
还有馒头还有糕。	Á yū múntei á yū gê。
宝宝吃到①哈哈笑。	Bēbe chìg dè haha xè。

注释:

① "吃到"是南通话,其后引导动词作为程度补语,相当于普通话的"吃得"。

五、虫虫斗

婴儿尚未开始说话时,大人时常捉住孩子的双手,以食指指尖相互碰触,再以大幅度的动作分开,以此逗孩子开心。这首歌谣就是在做这一游戏时吟诵的。外地也有类似歌谣,名称不一。

斗斗虫,虫虫斗,	Dèidei cóng, cóngcong dèi,
虫虫咬则头①,	Cóngcong ngē zàgtei,
噼哩啪喇飞。	Pīglipāglāg fêi。

注释:

①"则头"意思是"指头"。

虫虫斗　　侯德剑/绘

六、月亮巴巴

上文的五首育儿谣的吟诵对象都是襁褓之中尚未开始说话的婴儿。孩子开始牙牙学语、蹒跚学步以后，儿歌的品种就变得更加丰富，也更具知识性和趣味性了。例如，下面这首儿歌就提醒孩子注意"人在地面行走，月亮似乎跟着走"的现象。

月亮巴巴①跟我走，　　Yǔlienbôbo gân ngū zēi,
两个馒头一支藕。　　　Liēngu múntei yìg zǐ ngēi。

注释：

① 南通话中，"月亮巴巴"也叫"亮巴巴"，儿语，指月亮。"巴巴"也可写作"粑粑"。

七、伢儿乖

这首歌谣用来鼓励乖巧可爱的孩子。

伢儿①乖，吃鱼鳃。　　Ngór guâ, chìg rúsâ。
伢儿痛②，吃鱼冻③。　　Ngór tòng, chìg rúdòng。

注释：

① 南通话中，"伢儿"就是指孩子。

② 南通话中，"可爱"叫"痛"，也叫"痛刮刮""惹痛"等。

③ 南通话中，凝结的鱼汤叫"鱼冻"。

伢儿乖　　侯德剑/绘

八、秋虎老妈

"秋虎老妈"是南通地方特有的用来吓唬孩子的怪物名称,类似北方话中的"大马猴""大老猫"等。《南通方言疏证》一书的作者孙锦标根据唐代笔记小说《朝野佥载》所载"后赵石勒将麻秋者,太原胡人也,植性虓险鸩毒。有儿啼,母辄恐之'麻胡来',啼声绝。至今以为故事"认为南通话中的"秋虎老妈"就是唐代的"麻胡",应该写作"秋胡老麻"。此种说法比较牵强,也无法解释为何南通民间以这一怪物为主角的故事跟全国各地以老虎精为主角的老虎外婆故事情节相似,都提到怪物全身被毛,趁孩子母亲外出时乔装混入孩子家中,吃他的手指,孩子发觉后逃到院中,爬到树上,最后大人杀死怪物等。因此,还是作老虎精解释更加妥当。《中国大百科全书》"老虎外婆故事"词条下谈到怪物名称在各地变异时指出其在江苏南通叫作"秋狐外婆"。这个解释不符合事实,南通没有这种叫法。笔者认为,这个怪物的名称写作"秋虎老妈"应该是可以的,虽然其中的"秋"字不知如何解释,也许写作"丘"字更为合适。无论如何,下面这首儿歌是用来告诉孩子这个叫"秋虎老妈"的怪物有多么可怕的。

秋虎老妈沿壁走,　　Qûhvlemo yín bìg zēi,
摸到伢儿就吃手。　　Mōgde ngór qǔ chìg sēi.

九、新娘子

这首儿歌以新娘子为题材,语言风趣而诙谐,让人忍俊不禁。

新娘子,坐轿子。	Sîngnienzi, cǔ qězi。
拿钥匙,开箱子。	Nó yāugci, kâ xênzi。
箱子里头有个壁虎子①。	Xênzi lītei yū gu bìghvzi。
新娘子头上有个滴答子②。	Sîngnienzi téison yū gu dìgdaugzi。

注释:
① "壁虎子"就是壁虎。
② "滴答子"意思是"疙瘩",此处指新娘头上的发髻。

新娘子　　侯德剑/绘

育儿谣

十、驮驮将

大人一边背着孩子来回走,一边哼唱"驮驮将"这首儿歌,走着、唱着,孩子就睡着了。《南通方言疏证》作者将这首儿歌名称写作"驼氅将",不知是什么原因。

驮驮将,卖生姜。	Tútujên, mă sânjen。
生姜辣,上宝塔。	Sânjen lāug, sŏn bētàug。
宝塔高,挂镰刀。	Bētàug gê, guò líndê。
镰刀快,割韭菜。	Líndê kuà, gòg jūcà。
韭菜长,割两行。	Jūcà cón, gòg liēn hón。
韭菜短,割两碗。	Jūcà dūn, gòg liēn wūn。
公一碗,婆一碗,	Gông yìg wūn, pú yìg wūn,
小新妇打翻了蓝花碗。	Xēsingfv dāu fâunde láun huo wūn。
公拿棒,婆拿鞭,	Gông nó pŏn, pú nó bîn,
小新妇吓到上西天。	Xēsingfv hàg de sŏn shîtîn。
西天有个龙摆尾,	Shîtîn yū gu lóngbāvēi,
小新妇吓到没处走。	Xēsingfv hàg de māgcv zēi。

十一、牵磨碍磨

这首儿歌是大人握住幼儿双手一边做推拉动作,一边轻轻哼唱的,不知不觉之间大人就把对家中长辈的称呼悉数传授给幼儿了,是寓教于乐的儿歌典范。

牵磨,碍磨①,	Qînmu, ngămu,
磨粑粑②。	Mǔ bôbo。
磨给喇个吃?	Mǔ hāu lāugu chìg?
磨给爹爹③吃。	Mǔ hāu diâudiau chìg。
爹爹不吃,	Diâudiau bàg chìg,
磨给嬭嬭吃。	Mǔ hāu nâna chìg。
嬭嬭不吃,	Nâna bàg chìg,
磨给父啊④吃。	Mǔ hāu fǎa chìg。
父啊不吃,	Fǎa bàg chìg,
磨给娘奶⑤吃。	Mǔ hāu niénna chìg。
娘奶不吃,	Niénna bàg chìg,
磨给伯伯吃。	Mǔ hāu bògbog chìg。
伯伯不吃,	Bògbog bàg chìg,
磨给妈妈⑥吃。	Mǔ hāu mômo chìg。
妈妈不吃,	Mômo bàg chìg,
磨给爸爸⑦吃。	Mǔ hāu bâba chìg。
爸爸不吃,	Bâba bàg chìg,
磨给孃孃⑧吃 。	Mǔ hāu niênnien chìg。
孃孃不吃,	Niênnien bàg chìg,
磨给哥哥吃。	Mǔ hāu gûgu chìg。
哥哥不吃,	Gûgu bàg chìg,
磨给姐姐吃。	Mǔ hāu jāujau chìg。
姐姐不吃,	Jāujau bàg chìg,

磨给乖侯①吃。　　Mǔ hāu guâhéi chìg。
乖侯不吃，　　　　Guâhéi bàg chìg,
撂到河里给乌龟吃。Liě dè húli hāu v̂ guei chìg。

注释：
① 南通话中，拉叫"牵"，推叫"碍"。
② "粑粑"意为面饼。此处指用来做"粑粑"的面粉。
③ 南通话中，祖父面称"爹爹"。
④ 南通话中，父亲面称"父啊"。
⑤ 南通话中，母亲面称"娘奶"。
⑥ 南通话中，伯母叫"妈妈"。
⑦ 南通话中，叔叔叫"爸爸"。
⑧ 南通话中，姑姑叫"嬢嬢"。
⑨ 南通话中，乖宝宝叫"乖侯"。

牵磨碑磨　　侯德剑/绘

牵磨碍磨　　侯德剑/绘

十二、一人巷

　　这首儿歌也是寓教于乐的佳作。儿歌共有十行,行行都不押韵,但每行都是或曾经是南通地名。其中一人巷位于西吊桥即和平桥外北侧,因狭窄仅容一人通过而得名;二沟头位于东郊小石桥南、龙王桥西两条小河沟交汇处;三里墩位于东郊,原为抗倭烽火墩之一,现位于南通大学钟秀校区;四步井位于天宁寺西墙外寺街与胡家庵巷交界处;五步桥位于原中学堂街东头岳家巷南端,二十世纪五十年代填塞市河后,该桥也被拆除;陆洪闸是一个小集镇,位于东南郊区南川河畔;七佛殿又名七佛庵,是一座小庙,位于城北小轮船码头的仓库旁,建于宋朝初期,二十世纪五十年代初拆除;八里庙位于东北郊区秦灶镇境内,古称八仙庙,因距通州州治八里而得名;九华山并无山石,而只是一个集镇,位于古通州北乡,即今如皋市九华乡;十里坊也是一个集镇,位于通扬运河两岸三牌楼至南憩亭中间的路旁,古为通邮驿站,后因众多手工作坊云集于此而得名。这首儿歌因被南通电视台二套方言节目《总而言之》用作片头曲而名声大噪。

　　一人巷,　　Yìgyánhŏn,

　　二沟头,　　Ěrgeitéi,

　　三里墩,　　Sâunlidân,

　　四步井,　　Sìpvzīng,

　　五步桥,　　V̄ pvqé,

　　陆洪闸,　　Lōghongcāug,

　　七佛殿,　　Chìgfāgtĭn,

　　八里庙,　　Bàuglimiĕ,

　　九华山,　　Jūhuósâun,

　　十里坊。　　Sãilifôn。

注释：

这首儿歌中提到的十个地点只有五个位于市区，其余五个地点中，三里墩在今市区东，陆洪闸在今市区东南，八里庙在今市区东北通吕运河边上，十里坊在今市区西北，九华山则在今十里坊西北如皋市境内。

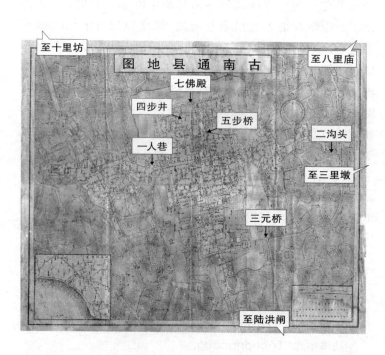

民国时的《古南通县地图》

一人巷　　侯德剑/绘

十三、一只小船

这首儿歌类似《外婆桥》,也描写探望外婆的喜悦之情,同时又加入了一些南通地名元素,因此兼具教育意义。

一只小船摇啊摇,	Yìg zàg xē qún yé a yé,
一心要把外婆瞟①。	Yìgsîng yè bō văpu biê。
经过北河梢②,	Zînggu Bòghúsê,
到了大码头③,	Dède Dàumōtéi,
过了十里坊,	Gûde Sāilifôn,
到了三牌楼④,	Dède Sâunpaléi,
转弯就到外婆家。	Jūnwâun qu dè văpu gô。
见了外婆问声好,	Jìnde văpu văn sân hē。
外婆吭⑤我是好宝宝。	Văpu kón ngū si hē bēbē。

注释:

① "瞟"音同"标"字,意为"探望"。
② 北河梢指护城河濠河西段和北段交汇处。
③ 大码头位于护城河濠河与通吕运河之间的水道边上。
④ 三牌楼是一个小集镇,位于唐闸镇东南约1 500米处。
⑤ "吭"音同"扛"字,意为"叫"。

一只小船　　侯德剑/绘

育儿谣

十四、火萤虫儿夜夜飞

南通话中,"火萤虫儿"就是"萤火虫"。夏日的夜晚,四处飞舞的点点萤火虫是乡间一道独特的风景线。这首儿歌用不多的几句话,教给孩子萤火虫、乌龟、葡萄、黄瓜等概念,也相当具有教育意义。

火萤虫儿夜夜飞,	Hūyingcónger yǎuyau fêi,
下来吃乌龟。	Hŏla chìg v̂guei。
乌龟不长毛,	V̂guei bàg zōn mé,
下来吃葡萄。	Hŏla chìg pv́té。
葡萄不开花,	Pv́té bàg kâhuô,
下来吃黄瓜。	Hŏla chìg wónguô。
黄瓜不结籽,	Wónguô bàg jìgzī,
下来吃果子。	Hŏla chìg gūzi。
果子不甜,	Gūzi bàg tín,
下来耕田。	Hŏla gân tín。
田耕不动,	Tín gân bàg tõng,
做你个大头儿梦。	Zù nī gu dàutéirmõng。

火萤虫儿夜夜飞　　侯德剑/绘

育儿谣

十五、爬儿凳

这首儿歌反映了嫁出门的女儿对老公沾染陋习、罔顾家计的焦虑,是一幅生动的小市民家庭生活画卷。

爬儿凳①,跌坏坏,	Pórdàn, dìg vǎva,
丫头哭到娘家来。	Ngôtei kòg dè niénge lá。
娘问丫头甚呢②事?	Nién văn ngôtei sǎnnisĭ?
丫头说老头儿不胎孩③。	Ngôtei xùg lētéir bàg tâhá。
又吃烟,又打牌。	Yŭ chìg yîn, yŭ dāu pá。
三天没得米,	Sâun tîn māgdàg mrī,
四天没得草。	Sì tîn māgdàg cē。
佮个④日子怎得了?	Gàggu yāgzi zān dàg liē?

注释:
① 南通话中,"爬儿凳"即小板凳。
② 南通话中,"甚呢"意为"什么"。
③ 南通话中,"不胎孩"意为"没出息"。
④ 南通话中,"佮"音同"格"字。"佮个"意为"这个"。

育儿谣

爬儿凳　　侯德剑/绘

十六、落雨落雪

　　这首儿歌在南通市区和郊区流传很广,有很多不同版本。这里收录的是南通市区流传的版本之一。

落雨落雪,冻杀老鳖。	Lōrū lōgxìg, dòngsàug lēbìg。
老鳖告状,告到和尚。	Lēbìg gèqǒn, gède húcon。
和尚念经,念给观音。	Húcon nīnzīng, nǐnhau Gūnying。
观音洒水,洒给小鬼。	Gūnying sā xuēi, sāhau xēguēi。
小鬼推车,推到外婆家。	Xēguēi têi cô, têidè vǎpu gô。
吃的甚呢饭?豆儿饭。	Chìg di sǎnni fǎun? Těir fǎun。
甚呢豆?皮壳豆。	Sǎnni těi? Príkogtěi。
甚呢皮?老羊皮。	Sǎnni prí? Lēyénprí。
甚呢老?人老。	Sǎnni lē? Yán lē。
甚呢人?瞽目人。	Sǎnniyán? Gv̄mogyán。
甚呢瞽?清朝牛皮鼓。	Sǎnni gv̄? Cīngce ngéiprigv̄。
甚呢清?蛋白清。	Sǎnni cîng? Tǎunpog cîng。
甚呢蛋?麻布蛋。	Sǎnni tǎun? Móbvtǎun。
甚呢麻?苎麻。	Sǎnni mó? Cv̄mo。
甚呢苎?红漆柱。	Sǎnni cv̄? Hóngchigcv̄。
甚呢红?枣儿红。	Sǎnni hóng? Zērhóng。
甚呢枣?徽枣。	Sǎnni zē? Huêize。
甚呢徽?锈灰。	Sǎnni huêi? Xùhuêi。
甚呢锈?铜锈。	Sǎnni xù? Tóngxù。
甚呢铜?眼瞳。	Sǎnni tóng? Ngāuntóng。

甚呢眼？圆眼。	Sănni ngāun? Yúnngāun。
甚呢圆？状元。	Sănni yún? Qŏnyun。
甚呢状？告状。	Sănni qŏn? Gègŏn。
甚呢告？发酵。	Sănni gè? Fàuggè。
甚呢发？阎罗法。	Sănni fàug? Nílufàug。
甚呢阎？沙泥。	Sănni ní? Sôni。
甚呢沙？炒米沙。	Sănni sô? Cēmrisô。
甚呢炒？江草。	Sănni cē? Gôncē。
甚呢江？水缸。	Sănni gôn? Xuēigôn。
甚呢水？河水。	Sănni xuēi? Húxuēi。
甚呢河？城河。	Sănni hú? Cánhú。
甚呢城？砖城。	Sănni cán? Jūncan。
甚呢砖？赋捐。	Sănni jūn? Fùjūn。
甚呢赋？	Sănni fù?
爹爹奶奶磨豆腐。	Diâudiau nāna mŭ těifv。

十七、为何不杀

这首儿歌的流传范围也很广，版本也很多。今南通郊县地区的版本中最后一句往往是"叫你个龟子儿杀不成"。本书采用的是今南通市区的版本。

姑娘明朝要上城，	Gǔnien míngne yè sŏncán，
杀个甚呢送出门？	Sàug gu sănni sòng quàgmán?
嫂嫂说：	Sēse xùg:
姑娘出门要过河。	Gǔnien quàgmán yè gùhú。
为何不杀鹅？	Věihu bàg sàug wú?
鹅说的：	Wú xùg di:
鹅儿头上有个紫疙瘩。	Wúr téison yū gu zī gàgdaug。

为何不杀鸭?	Vĕihu bàg sàug ngàug?
鸭说的:	Ngàug xùg di:
两只脚儿拐呀拐。	Liēn zàg jàur guā ya guā。
为何不杀蟹?	Vĕihu bàg sàug hā?
蟹说的:	Hā xùg di:
八只脚儿徆啊徆①。	Bàug zàg jàur shî a shî。
为何不杀鸡?	Vĕihu bàg sàug zhî?
鸡说的:	Zhî xùg di:
清早喉咙吭到哑。	Cîngzē héilong kón dè ngō。
为何不杀马?	Vĕihu bàg sàug mō?
马说的:	Mō xùg di:
衔根青草	Háun gân cîngcē
上扬州,下扬州。	Sōn Yénzêi, hŏ Yénzêi。
为何不杀个老犟牛②?	Vĕihu bàg sàug gu lēdânngei?
犟牛说的:	Dânngei xùg di:
日里耕田夜里歇。	Yăili gântín yăuli xìg。
为何不杀鳖?	Vĕihu bàg sàug bìg?
鳖说的:	Bìg xùg di:
三尺黄泥四尺洞。	Sâun càg wónni sì càg tŏng。
为何不杀蚌?	Vĕihu bàg sàug pŏng?
蚌说的:	Pŏng xùg di:
蚌蚌蚌蚌开,	Pŏngpong pŏngpong kâ,
二十四个元宝滚进来!	Ĕrsāgsì gu yúnbê guān zìngla!

注释:
① 南通话中,"徆"意为"来回快速摆动"。
② 南通话中,"犟牛"或"老犟牛"即老牛。

谜语谣

　　谜语是一种隐语,通常用比喻的方式描述事物的特征供人猜测,而谜语谣就是歌谣形式的谜语。南通话的谜语谣有两种,一种是只问不答型的,另一种是自问自答型的。前者的谜底在歌谣以外,后者的谜底在歌谣内。
　　下文先介绍只问不答型的谜语谣。除第四首谜语谣以外,其他并非南通地区所独有。有的谜底在插图中。

一、青石板

青石板,板石青,　　Cīngsagbāun, bāunsagcīng,
青石板上钉洋钉。　　Cīngsagbāun son dìng yéndǐng。
(打一自然现象)

望星空　侯德剑/绘

二、千条线

千条线，万条线，　Qīn tié xìn, wǎun tié xìn,
落到水里都不见。　Lōgdè xuēili dū bàg jìn。
（打一自然现象）

千条线　　侯德剑/绘

三、一片一片又一片

一片一片又一片，　　Yìg pìn yìg pìn yǔ yìg pìn,
落到水里都不见。　　Lōgdè xuēili dū bàg jìn。
（打一自然现象）

四、吴立侯

吴立侯，吴立侯[①]，　　V́lighei, v́lighei,
眼睛长了赖[②]屁股头。　　Ngāunzing zōnde lǎ prìgvtei。
（打一日常用品）

注释：
① 南通话中，聪明叫"吴立"。"吴立侯"意思是"聪明孩子"或"机灵鬼"。
② 南通话中，"赖"的意思是"在"。"长了赖"意思是"长在"。

以上前三则谜语谣为笔者母亲所传授，第四则为笔者外舅祖母所传授。以下第五、六两则谜语谣或许非南通独

有，却是笔者舅父易坦老先生临终前一天于病榻上传授给笔者的，有特别意义，故记录于此。

五、伍子胥把守潼关

伍子胥把守潼关，　Vzīshū bōsēi Tóngguâun,
白娘娘水漫金山，　Pŏniénnien xuēimŭn Zīngsâun,
孔明借东风，　　　Kōngming jàu dōngfông,
周瑜用火攻。　　　Zêirŭ yŏng hūgông。
（打一生活现象）

抽水烟

六、南天门滴雪

南天门滴雪，　　　Núntînmán dìg xìg,
姜太公钓鱼。　　　Jēn tàgōng diè rú。
俞伯牙操琴，　　　Rú Bògyáu cê cíng,
疯和尚扫地。　　　Fông húcon sē tĭ。
（打一生活现象）

弹棉花

以上介绍的都是一些只问不答型的谜语谣。下文是一些典型的自问自答型的谜语谣。其中前三则摘自季歇生1989年所著的《南通民间歌谣选》一书,最后一则为笔者搜集。

七、甚呢出土一点红

甚呢出土一点红?	Sǎnni quàg tv yìg dīn hóng?
甚呢出土一张弓?	Sǎnni quàg tv yìg zôn gông?
甚呢出土戴尖帽?	Sǎnni quàg tv dà jînmě?
甚呢出土戴斗篷?	Sǎnni quàg tv dà dēipóng?
苋菜出土一点红,	Hǎunca quàg tv yìg dīn hóng,
黄豆出土一张弓,	Wóntěi quàg tv yìg zôn gông,
棉花出土戴尖帽,	Mínhuô quàg tv dà jînmě,
香菇出土戴斗篷。	Xêngv quàg tv dà dēipóng.

八、甚呢生来硬如铁

甚呢生来硬如铁？　　　　Sănni sânla ngăn lv̆ tìg?
甚呢生来软如绵？　　　　Sănni sânla yūn lv̆ mín?
甚呢生来甜如蜜？　　　　Sănni sânla tín lv̆ mīg?
甚呢生来苦黄连？　　　　Sănni sânla kv̆ wónlín?
兄弟二人硬如铁，　　　　Xôngti ĕryán ngăn lv̆ tìg,
夫妻二人软如绵，　　　　Fv̆chi ĕryán yūn lv̆ mín,
亲生儿子甜如蜜，　　　　Cîngsan érzi tín lv̆ mīg,
小新妇度日苦黄连。　　　Xēsingfv tv̆yāg kv̆ wónlín.

九、甚呢上树吱吱叫

甚呢上树吱吱叫？　　　　Sănni sōn sv̆ zîzi jè?
甚呢上树背大刀？　　　　Sănni sōn sv̆ bêi dàudê?
甚呢上树张罗网？　　　　Sănni sōn sv̆ zôn lúwōn?
甚呢上树浑身毛？　　　　Sănni sōn sv̆ huánsân mé?
姐溜①上树吱吱叫，　　　Jāuliu sōn sv̆ zîzi jè,
斫螂②上树背大刀，　　　Zòglon sōn sv̆ bêi dàudê,
蟢蟢③上树张罗网，　　　Shīshi sōn sv̆ zôn lúwōn,
洋刺子④上树浑身毛。　　Yénlaugzi sōn sv̆ huánsân mé.

注释：

① 南通话中，"姐溜"即知了。

② 南通话中，"斫螂"即螳螂。

③ 南通话中，"蟢蟢"即蜘蛛。

④ 南通话中，"洋刺子"即松毛虫。

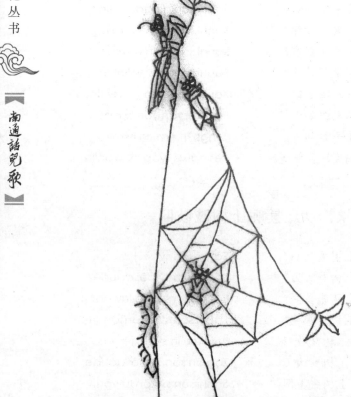

甚呢上树吱吱叫　　侯德剑/绘

十、甚呢怕一

甚呢怕一？老人家怕噎。　Sǎnni pò yìg? Lēyange pò yìg。

甚呢怕二？啁子怕二。　Sǎnni pò ěr? Diêzi pò ěr。

甚呢怕三？瘟贼怕趁①。　Sǎnni pò sâun? Vâncāg pò sâun。

甚呢怕四？扁担怕试。　Sǎnni pò sì? Bīndaun pò sì。

甚呢怕五？扫帚怕舞。　Sǎnni pò v̄? Sèzêi pò v̄。

甚呢怕六？眼睛怕落②。　Sǎnni pò lōg? Ngāunzing pò lōg。

甚呢怕七？官司怕吃。　Sǎnni pò chìg? Gûnsi pò chìg。

甚呢怕八？酒鬼怕八。　Sǎnni pò bàug? Jūguei pò bàug。

甚呢怕九？芦箕③怕卷。　Sǎnni pò jū? Lv́fèi pò jūn。

甚呢怕十？牙齿怕射④。　Sǎnni pò sāg? Ngóci pò sāg。

注释：

① 南通话中，"趁"音同"山"字，意为"追赶"。南通市区写作"趱"，音同"栓"字。

② 南通话中，"落"意为"掉、丢失"。眼睛瞎了俗称"眼睛落了"。

③ 南通话中，"芦箕"即芦席。

④ 南通话中，牙齿朝外长叫"射"。

甚呢怕一　　侯德剑/绘

绕口令

严格说来,绕口令不是儿歌,而是一种语言游戏。南通话的绕口令有两种类型。第一种类型把发音相近的字词放在相邻位置,使人难以准确而顺畅地发音。第二种类型则把歌谣中的某一个字词置换为喷音,以增加发音的难度,也可称之为咂口令或喷口令。下文的一至四属于第一种类型;五、六属于第二种类型。

一、粉红墙上

这是一个传统的绕口令,但是不太绕口。

粉红墙上画的　　　　Fānhóng qénson huǒ di
粉红红凤凰。　　　　fānhóng hóng fōnghuon.

二、四个钱

这也是一个传统的绕口令,略微绕口一点。

四个钱买了四两　　　Sìgu qín māde sìliēn
白细丝线。　　　　　pōg shì sîxìn.

粉红墙上　　侯德剑/绘

三、急姑娘

这个绕口令的难度要大一些。

急姑娘上灶，　　Jìg gǔnien sōnzè,
打到刀跑瓢跳。　Dāu de dê pé pié tiè。
莽张飞动刀，　　Mōn ZônFêi tōngdê,
吓到锅跑瓢抛。　Hàg de gû pé pié pê。

急姑娘　　侯德剑/绘

四、季司机

这个绕口令的难度更大。

季司机家东头住的施机师,
Zhì sîzhî ge dôngtei cǔ di Sî zhîsî,

施机师家西头住的季司机。
Sî zhîsî ge shîtei cǔ di Zhì sîzhî。

季司机请施机师吃炒子鸡,
Zhì sîzhî cīng Sî zhîsî chìg cē zīzhî,

施机师请季司机吃野鸡丝①。
Sî zhîsî cīng Zhì sîzhî chìg yāuzhisî。

季司机　　侯德剑/绘

注释:

① 南通话中,"野鸡丝"即瓜姜肉丝(酱瓜丝与生姜丝炒肉丝),是一道南通名菜。

五、今朝早上

这一首绕口令要求用双唇喷音置换其中所有的"八"字,也就是说,要用吸气吧嗒嘴的方式念出其中的每一个"八"字。这里的拼音用"bg"表示双唇喷音。

今朝①早上	Zīngne zēson
八点八分八秒钟,	bg dīn bg fân bg miē zōng,
我一跑跑到八仙宫,	Ngū yìg pé pé dè bg xîngông,
看到个	Kùnde gu
八十八岁的老公公,	bg sāg bg shù di lē gônggong,
头戴八仙帽,	Téi dà bg xînmě,
手拿八仙糕,	Sēi nó bg xîngê,
胡子②扡③了有八丈八尺	Vzi tâde yū bg cŏn bg càg
八寸八分八厘八毫长。	bg quàn bg fân bg lí bg hé cón。

注释:
① 南通话中,"今朝"意为"今天",音同"今孬"。
② 南通话中,"胡子"音同"吴子"。
③ 南通话中,"扡"意为"拖曳、下垂",音同"胎"字。

六、鹅变鸭

这一首绕口令要求用齿龈喷音置换其中所有的"变"字,其发音方法是用舌面贴住上颚,吸气,再放开舌面。这里的拼音用"bn"表示齿龈喷音。

鹅变鸭,鸭变鹅,	Ngú bn ngàug, ngàug bn ngú,
鹅手鹅脚鹅变鸭,	Ngú sēi ngú jàug ngú bn ngàug,
鸭手鸭脚鸭变鹅。	Ngàug sēi ngàug jàug ngàug bn ngú。

这首绕口令的特别之处是其中的"鹅"字必须读作"我"字阳平声。而在其他场合中,这个字的鼻音声母都已消失,因此读作普通话中的"讹"字。

附录　南通话拼音

南通话拼音是在汉语拼音的基础上根据南通话的语音系统设计而成、专门用来标记南通话发音的注音工具。与汉语拼音一样，南通话拼音也有声母、韵母、声调和拼写法几个部分。下面分别介绍。

一、声母表

表1　南通话拼音声母表

声母	音标	拼音	例字	声母	音标	拼音	例字
b	[p]	bei	贝	bi	[pʲ]	bie	标
p	[pʰ]	pei	配	pi	[pʲʰ]	pie	漂
m	[m]	mei	每	mi	[mʲ]	mie	苗
f	[f]	fei	否	di	[tʲ]	die	叼
v	[v]	vei	尾	ti	[tʲʰ]	tie	挑
d	[t]	dei	抖	ni	[nʲ]	nie	鸟
t	[tʰ]	tei	腿	li	[lʲ]	lie	了
n	[n]	nei	内	j	[tɕ]	je	交
l	[l]	lei	磊	q	[tɕʰ]	qe	锹
z	[ts]	zi	子	x	[ɕ]	xe	消

续表

c	[tsʰ]	ci	此	y	[j]	ye	舀
s	[s]	si	死	gu	[kʷ]	guo	寡
zh	[tʃ]	zhi	几	ku	[kʷʰ]	kuo	垮
ch	[tʃʰ]	chi	起	hu	[xʷ]	huo	化
sh	[ʃ]	shi	洗	w	[w]	wo	瓦
g	[k]	gei	狗	ju	[tɕʷ]	juei	追
k	[kʰ]	kei	口	qu	[tɕʷʰ]	quei	吹
ng	[ŋ]	ngei	偶	xu	[ɕʷ]	xuei	虽
h	[x]	hei	吼	yu	[ɥ]	yuei	锐

　　表1是南通话拼音声母表，共有19个声母和19个声介合母。南通话的声母系统跟普通话相似，主要差别是带有介音的声母（含零声母）少得多，因此可以把这类声介合母看作声母系统的一部分。值得注意的是j、q、x三个声母中隐含的介母不再拼出。此外，zh、ch、sh、r四个声母都是舌叶音，并非卷舌音，而ng和v则是南通方言特有的声母。这些都与普通话拼音有所不同。

二、韵母表

表2　南通话拼音韵母表

韵母	音标	拼音	例字	韵母	音标	拼音	例字
i	[i]	li	李	in	[ĩ]	lin	脸
ri	[ʒ]	mri	米	un	[ỹ]	lun	卵
ru	[ʒʷ]	nru	女	en	[ẽ]	lien	两
v	[ʋ]	lv	鲁	on	[õ]	lon	朗
iu	[y]	liu	吕	an	[ɛ̃]	lan	冷
u	[u]	lu	裸	aun	[ɑ̃]	laun	览
ei	[e]	lei	磊	ing	[əŋ]	ling	领

续表

e	[ə]	le	老	ung	[yŋ]	xung	笋
o	[o]	mo	马	ong	[aŋ]	long	垄
a	[a]	la	来	ig	[iʔ]	lig	力
ai	[ɛ]	lai	鲡	ug	[yʔ]	lug	律
au	[ɔ]	lau	喇	og	[oʔ]	log	陆
er	[ɚ]	er	耳	ag	[ɛʔ]	lag	勒
				aug	[ɔʔ]	laug	辣

表2是南通方言的拼音方案韵母表，共有13个非鼻音韵母和14个带鼻音的韵母。值得注意的是：①摩擦元音ri [ʐ]、ru [ʐʷ]、vu [ʋ] 的拼写法；②韵母ai通常只出现在复合词和个别语气词中，如lairu [lɛ.ʐʷ]（鲡鱼）、maiyu [mɛ.y]（没有）、bai [pɛ]（呸）等。若干韵母在不同的声母后，其发音不同，详述如下：

①韵母i在zh、ch、sh、r后读 [ʐ]，如：zhi [tʃʐ]（几）。

②韵母i在z、c、s后读 [ɿ]，如：zi [tsɿ]（止）。

③韵母u在zh、ch、sh、r后读 [ʐʷ]，如：zhu [tʃʐʷ]（举）。

④韵母un在g、k、h、w后读 [ũ]，如：gun [kũ]（感）。

⑤韵母ug在g、k、h、w后读 [uʔ]，如：gug [kuʔ]（葛）。

⑥韵母ing单用时读 [jiŋ]，如：ying [jiŋ]（影）。

除此之外，韵母的使用还有以下规则：

①韵母in、ig、ing、un、ug、ung单用时，前面须加字母y，如yin（烟），yig（热），ying（英），yun（渊），yug（月），yung（晕）。

②韵母iu单用时，读为"yu"，如yu（优）。

③韵母ag在象声词中读[aʔ]，如pagtag [paʔ.taʔ]（啪哒）。

三、标调法

表3　南通话拼音标调法

调类	音标	符标	数标	例字	调类	音标	符标	数标	例字
轻声		ca	ca0	猜	阴去 \	ㄅ(53)	cà	ca5	蔡
阴平 ∧	⌐(11)	câ	ca1	猜	阳去 V	ㄅ(13)	cǎ	ca6	在
阳平 /	ㄅ(35)	cá	ca2	才	阴入 \	ㄅ(53)	càg	ca7	尺
阴上 -	⌐(55)	cā	ca3	彩	阳入 -	⌐(5)	cāg	ca8	贼

南通话拼音标调法如表3所示。标调符号放在元音字母a、o、e、i、u、ü上，如果不便使用标调符号，则在音节后使用标调数字。

四、音节表

表4　南通话拼音音节表

声母	au	a	ē	e	o	i	ï	u	ʯ	y	aun	an	en	on	in	un	ong	ing	aug	ag/ai	og	ig	ng	er
b	吧	摆	倍	保	把	B	比		补	籤	板	本		榜	扁	半	绷	丙		八	不	北	笔	
p		派	剖	炮	怕	P	痞		普	破	绊	喷		膀	片	叛	捧	品		拔	勃	扑	匹	
m		买	美	卯	马		米		母	慢	闷			莽	免	满	猛	敏		抹	没	摸	密	
f			匪						辅	反	粉	访					讽			发	佛	福		
v		外	尾							稳													物	
d	打	歹	抖	岛	底				赌	躲	胆	等		党	点	短	懂	顶		答	德	笃	滴	掇
t	泰		腿	讨	他		体		土	惰	坦	佘		躺	舔	探	统	挺		达	特	秃	笛	夺
n	哪	乃	馁	脑	拿		你		女		努	难	能		囊	捻	暖	弄		呐	纳	诺	逆	

续表

l	喇	来	垒	老	啰	李		鲁	裸	览	冷	朗	脸	卵	拢	领	蜡	鳓	落	力	律
z		宰	走	早	渣	紫	几	举	组	左	斩	整	掌			总	仅	扎	职	足	
c		采	丑	草	扯	此	起	取	楚	错	产	碜	敞			宠	请	插	侄	促	吃
s		洒	首	扫	沙	史	喜	许	数	所	伞	审	赏			耸	醒	杀	十	速	
g		改	苟	搞	嫁		古	果	橄	耿		港	敢	巩			夹	格	各	佮	
k		凯	口	考	抔		苦	可	槛	肯		抗	砍	孔			掐	克	哭		
ng		矮	偶	咬	哑			我	眼	硬		昂					鸭	额	恶		
h	给	海	吼	好	虾		虎	火	苋	很		巷	罕	哄			瞎	核	喝		
零声	噢	啊	哎		哦	E	以	雨	五				嗯			翁					耳
bi			表																		
pi		瞥	票																		
mi		乜	秒																		
di	嗲		吊					丢													
ti			跳																		
ni			鸟					纽		仰					虐						
li			廖					柳		两			略								
j	假	者	缴	爪			九		蒋	奖	剪	卷	窘	均	甲	桌	激	菊			
q	谢	且	巧				揪		抢	闯	浅	犬	穷	皴	恰	戳	戚	绝			
x	写		舍	小	耍		朽		响	爽	显	选	雄	薰	削	蓄	悉	血			
y	野	呀	也	舀	惹		有		忍	养	壤	演	远	勇	影	允	约	日	育	抑	月
gu		拐	轨		寡				惯	滚	广					刮	骨	国			
ku		快	溃		垮				掼	捆	况					搭	扩				
hu		怀	毁		化				幻	混	谎					豁	忽	获			
w					瓦				晚	瘟	往		碗			挖		沃			
ju		跩	最							准											
qu			翠							蠢					出						
xu		甩	碎						栓	损					术						
yu			锐							润					入						

以上述声母表中的声母和韵母表中的韵母相互拼合，并按下一节所述拼写法略做调整，就可以拼写南通话的全部音节，主要部分如表4所示。

五、拼写法

1. 拼写变化

①韵母ri、ru在声母z、c、s后分别改为hi、hu，如：z＋ri＝zhi（几）、c＋ri＝chi（起）、s＋ri＝shi（喜）、z＋ru＝zhu（举）、c＋ru＝chu（取）、s＋ru＝shu（许）。

②市区口音中声母z、c、s在韵母ing前分别读作zh、ch、sh，如：zing＝zhing（井）、cing＝ching（请）、sing＝shing（醒）。

③重读音节中āg、āug、ōg、īg在零声母和l、m、n、ng、r、v、y、w前分别改为ăi、ău、ŏ、ĭ。如：sāg（十）＋ěr（二）＝săiěr（十二）、lāug（腊）＋yūg（月）＝lăuyug（腊月）、mōg（木）＋rú（鱼）＝mŏru（木鱼）、tīg（敌）＋yán（人）＝tĭyan（敌人）。

2. 儿化音节

①韵母ing、ong、ung加er，如：píng（瓶）＋er（儿）＝pínger（瓶儿）、tōng（洞）＋er（儿）＝tōnger（洞儿）、yúng（云）＋er（儿）＝yúnger（云儿）。但ngāunzhìng（眼镜）＋er（儿）＝ngāunzhir（眼镜儿）、pòngpong（碰碰）＋er（儿）＝pòngper（碰碰儿）。

②韵母an、ag改为ai再加r，如：pán（盆）＋er（儿）＝páir（盆儿）、sàg（色）＋er（儿）＝sàir（色儿）、cāg（侄）＋er（儿）＝cāir（侄儿）。

③韵尾为n或g的韵母先去韵尾再加r，如：gôn（缸）＋er（儿）＝gôr（缸儿）、jàug（雀）＋er（儿）＝jàur（雀儿）、sōg（勺）＋er（儿）＝sŏr（勺儿）。

④所有其他韵母一律加r，如：tă（袋）＋er（儿）＝tăr（袋儿）、ngó（伢）＋er（儿）＝ngór（伢儿）、wú（鹅）＋er

（儿）＝wúr（鹅儿）。

3. 拼写规则

①专有名词首字母大写，如：Núntông（南通），Ěrhei（二侯）。

②句首与诗歌行首字母大写，如：Zhùsē cīmū dàuxāu（句首字母大写）。

③单词内部各音节使用连写，单词之间以空格隔开。

④单音节词根音节的重叠形式使用连写。如：biêbie（瞔瞔）、hēhē（好好）。

⑤助词de（了）、gu（过）与动词拼音连写，如：tìde（去了），tìgu（去过）。

⑥词缀li（里）、son（上）等与词根连写，如：lúli（箩里），sǔson（树上）。

六、注音实例

表5 南通话汉字注音实例

符号标调：	cǔ	hú	yāg	dôn	ǔ	hǔn	dìg	hú	xǎu	tǔ
汉字原文：	锄	禾	日	当	午	汗	滴	禾	下	土
符号标调：	xuéi	zî	pún	zông	càun	lǐ	līg	gâ	sîng	kǔ
汉字原文：	谁	知	盘	中	餐	粒	粒	皆	辛	苦

表5为南通话汉字注音的实例（以南通市区口音为标准）。